Madame Missou
ist achtsam

freundin

PRÄSENTIERT

Madame Missou

IST ACHTSAM

Unsere Themen

A la fin!

C'est la vie

Vraiment, Zeit ist kostbar. Unsere Lebenszeit ist begrenzt. Unsere Arbeitszeit lässt sich nicht beliebig verlängern, unsere Freizeit genauso wenig. Daher versuchen wir, unsere Stunden optimal zu nutzen. Wir wollen möglichst viel, und das möglichst schnell: viel erreichen, viel erleben, viel erledigen. Kommt dir das bekannt vor?

Wachsende Anforderungen im Beruf, vielfältige Angebote im Freizeitbereich und immer mehr potenzielle Möglichkeiten des materiellen, medialen und intellektuellen Konsums verleiten uns dazu, uns mit Ansprüchen an uns selbst zu überhäufen und uns damit zu überfordern. Ich frage mich: Ist dieser Lebensstil gesund? Bringt er uns wirklich weiter? Kann er auf Dauer innere Zufriedenheit schaffen? Und wie wirkt er sich auf unsere Beziehungen aus? **Wir können unsere Zeit nicht vervielfältigen – aber wir können sie tief und präsent nutzen!**

Alors, ich werbe für einen achtsamen Umgang mit sich selbst und mit anderen. Es ist an der Zeit, innezuhalten und über die Gefahren des Multitaskings nachzudenken. Auf meinem eigenen Weg zu mehr Selbstfürsorge habe ich vieles ausprobiert und stelle dir in diesem Ratgeber die besten Anregungen und alltagstaugliche Tipps für einen achtsamen Lebensstil vor. Pardon, ich habe mich noch gar nicht vorgestellt: Mein Name ist Madame Missou. Mehr als einen guten Café au lait und einen Plausch mit meiner besten Freundin brauche ich nicht, um glücklich zu sein.

Nun lehn dich zurück und lass es uns mit Bedacht angehen: Mit Achtsamkeit zu mehr Erfolg, Lebensqualität und Leichtigkeit!

Deine Madame Missou

Multitasking als Lebensart – Chancen und Problematik

Bien sûr, immer mehrere Dinge gleichzeitig zu tun, klingt erst mal sehr effizient und praktisch. Lange Zeit galt Multitasking als erstrebenswertes Ziel. Doch im Zustand völliger Erschöpfung und Überreizung habe ich mich gefragt: Ist das wirklich langfristig gesund? Und was steckt bei mir persönlich dahinter, wenn sich Multitasking zu oft in meinem Lebensstil bemerkbar macht? Könnte es mangelnde Selbstachtung sein, zu wenig eigenes Standing oder der Drang, perfekt sein zu wollen und es allen recht zu machen? Oder verbirgt sich dahinter eine willkommene Möglichkeit, wichtige Lebensthemen nicht beachten zu müssen, sie leichter unter Verschluss zu halten?

Lass uns gemeinsam eine ehrliche Bestandsaufnahme wagen!

mein TIPP:

Wir sollten unseren Lebenswandel ab und zu kritisch hinterfragen. Spätestens wenn wir dafür vermeintlich keine Zeit mehr haben, ist Vorsicht angesagt!

Phänomen Multitasking

Multitasking – erstrebenswert, faszinierend, überflüssig oder schädlich?

Die Fähigkeit zum Multitasking gilt in vielen Bereichen noch immer als erstrebenswerte Eigenschaft. Grund genug, sich damit ausführlich auseinanderzusetzen.

Wer in der Lage ist, sich schnell auf verschiedene Menschen, auf unterschiedliche Situationen und auf vielerlei Anforderungen einzustellen, wirkt dynamisch und eloquent. Unsere Gesellschaft wird komplexer, Vernetzung wird immer wichtiger. Menschen mit der Fähigkeit zum Multitasking erfüllen daher an Schlüsselpositionen wichtige Funktionen.

Ärzte und Mütter, Assistenten und Teamleiterinnen, sie alle kommen im Alltag nicht daran vorbei, mehrere Anliegen und Aufgaben gleichzeitig im Blick zu haben und sie möglichst optimal zu erledigen. Wer dies mit Souveränität schafft, macht einen guten Job, das ist großer gesellschaftlicher Konsens.

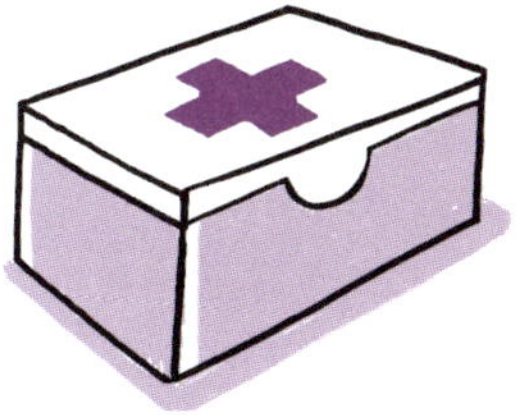

Doch lässt sich dieses Gleichzeitig-nebeneinander-Tun wirklich souverän lösen, oder ist es eine gemeinsame grandiose Illusion, die uns allen schadet?

Woher stammt der Begriff „Multitasking"?

Zurück zu den Wurzeln: Ich habe mich intensiv mit dem Phänomen Multitasking beschäftigt. Die Idee des Multitasking kommt aus dem Bereich der Informatik. Der Begriff beschreibt die Fähigkeit von Betriebssystemen, Prozesse immer wieder zu unterbrechen und kurz danach wieder fortzusetzen. Da die unterschiedlichen Prozesse in sehr kurzen Abständen immer wieder unterbrochen und neu aktiviert werden, entsteht dabei der Eindruck der Gleichzeitigkeit. Der Grund für diese Methode besteht darin, dass Zeiten, in denen der Rechner auf externe Ergebnisse wartet, genutzt werden können. Ziel ist eine maximale Auslastung der Ressourcen.

Alors!

Taugt ein Ideal der Informatik als Leitbild für das eigene menschliche Leben? Hier stimmt doch etwas nicht …

Das pralle Leben spüren

Das kennst du bestimmt auch aus eigener Erfahrung: Sich kompetent, spontan, jederzeit ansprechbar und leistungsfähig zu fühlen, macht Spaß. Es gibt Situationen, in denen wir mit Hochgenuss Multitasking praktizieren und in denen es uns Energieschübe schenkt. Dieses Gefühl ist das genaue Gegenteil von Langeweile. Es kann prickelnd sein, es gibt uns die Gewissheit, dass wir gebraucht werden und dass wir im Moment am richtigen Platz sind. Es bestätigt eines der wichtigsten Grundbedürfnisse: **Wir spüren unsere Selbstwirksamkeit, und das in hohem Maße.**

Multitasking kann also durchaus gesund und förderlich sein. In der richtigen Dosis kann es seine Funktion erfüllen und unser Leben interessanter, reicher und bunter machen.

Was macht Multitasking so gefährlich?

Wer zu viele Multitasking-Elemente in sein Leben integriert, lebt meiner Meinung nach gefährlich. Wir haben uns mittlerweile so sehr daran gewöhnt, dass viele Aktionen fast gleichzeitig geschehen, dass wir oft gar nicht mehr merken, wie wir uns überfordern und wie oft wir andere überfahren – weil wir das Multitasking so stark verinnerlicht haben.

Die Fähigkeit, viele Dinge nebeneinanderher zu tun, dabei noch komplexe Sachverhalte zu bedenken und alles um uns herum im Blick zu behalten, wird bewundert und hochgelobt. Die Frage ist: Wem nützt das? Tut es mir gut oder nützt es vor allem den anderen. Und mal ehrlich: Nützt es den anderen wirklich oder hat das Ganze ohnehin eine bittere Kehrseite? Geht uns das Gespür für das Wesentliche verloren?

Ein Beispiel aus dem Alltag:

Du leitest zum ersten Mal eine sehr schwierige Sitzung in einem neuen Team und bist gerade – nach einer gelungenen Begrüßung – beim ersten Punkt der Tagesordnung angelangt. Nach exzellenter Vorbereitung fühlen du dich sicher, doch es ist dir sehr wichtig, dass du gleich am Anfang die Aufmerksamkeit der Teilnehmer gewinnst. Du merkst mit Befriedigung, dass du nach einigen Sätzen das ungeteilte Interesse der Anwesenden auf dich und deine Worte lenken konntest. Alle hören gespannt zu.

Plötzlich beginnt deine Kollegin, per Nebengespräch wichtige Flyer schon mal zu verteilen. Es raschelt, jeder der Anwesenden schaut von dir weg auf den Stapel vermeintlich wichtiger Unterlagen, die gerade herumgereicht werden. Die konzentrierte Atmosphäre ist wie weggewischt. Du bist vermutlich rhetorisch erfahren und wirst deine Zuhörer sicher wieder erreichen. Doch vielleicht hat die Kollegin mit ihrer gut gemeinten Aktion doch mehr gestört, als nötig gewesen wäre, und hat dir damit wichtige Energie abgezogen.

Vielleicht hast du eine ähnliche Situation im Job, im Familienleben oder in ehrenamtlichen Gremien selbst schon einmal erlebt. Versuch dich einmal in die Situation hineinzuversetzen und stell dir dazu folgende Fragen:

- **Hättest du die Flyer-Aktion** überhaupt **als Störung empfunden** oder als normalen Akt?
- Wie würdest **du** dich dabei fühlen?
- War die **Aktion wirklich nötig** oder hätte das Herumreichen zu einem späteren Zeitpunkt auch noch gereicht?
- Würdest du die **Kollegin nach der Sitzung darauf ansprechen** und sie bitten, beim nächsten Mal eine Pause abzuwarten?

Es kann sein, dass du beim Nachfühlen mit der Flyer-Verteilung überhaupt keine Probleme gehabt hättest. Vielleicht weil du so geübt und souverän bist, dass dich nichts so leicht aus dem Konzept bringt. Doch vielleicht wäre es dir doch lieber gewesen und du hättest es professioneller gefunden, die Konzentration der Zuhörer aufrechtzuerhalten.

Dieses Beispiel war nur eines von vielen kleinen Ereignissen, die uns den lieben langen Tag begegnen. Wir werden unnötigerweise in einer zielgerichteten Handlung gestört. Genauso stören wir andere unglaublich oft. Wir halten das für selbstverständlich. Doch ist es das? Könnten wir auch gemeinsam als Gruppe oder als Gesellschaft einen anderen Stil etablieren?

Pardon!
Sorry!
Eine kurze Frage bitte!

Häufig ist uns im Alltag gar nicht bewusst, dass wir aus unserer Konzentration gerissen wurden oder selbst der Störfaktor waren. Beobachte das mal einen Tag lang und notier das Ergebnis. Du wirst staunen, was da zusammenkommt!

Ich wurde unterbrochen bei …

Ich habe eine Person unterbrochen bei ...

Wie ist deine Stör-Analyse verlaufen? Konntest du überhaupt eine einzige Tätigkeit an diesem Tag konzentriert ausführen? Nicht? Das muss sich ändern!

Ein anderer Lebensstil würde bedeuten, dass wir bewusster mit uns selbst und mit anderen umgehen. Wir würden uns nicht primär fragen, was momentan aus ökonomischer Sicht auch noch schnell passieren könnte, sondern in erster Linie, **was im Moment wichtig ist** und was im Moment unsere gesamte Aufmerksamkeit erfordert. Das ist der Kern der Sache, denke ich.

Im Hier und Jetzt leben!

Multitasking ist ein Energieräuber

Wir wollen Zeit und Kraft sparen, wir wollen Tätigkeiten besonders ökonomisch durchführen, doch wir handeln uns damit Energieräuber ein. Wenn wir mehrere Dinge gleichzeitig erledigen wollen, leben wir in der Illusion, es gäbe ein schnelles Nebeneinander oder gar eine Gleichzeitigkeit der Aufgabenbewältigung.

Attention, wir unterschätzen dabei fatal, dass wir uns doch immer wieder in den anderen Sachverhalt hineindenken müssen. **Durch Aufgaben-Hopping machen wir uns das Leben regelmäßig schwerer, als es sein müsste.** Wir belasten unser Gehirn unnötigerweise mit zu vielen Ansprüchen gleichzeitig, und der Effekt ist – dazu gibt es wissenschaftliche Untersuchungen – fatal: Wir erledigen jede der Aufgaben schlechter, als wenn wir sie der Reihe nach abgearbeitet hätten.

Alors!

Wir glauben häufig, wir seien effektiver, wenn wir alles gleichzeitig erledigen. Voilà, genau das Gegenteil ist der Fall!

Wenn wir verschiedene Dinge gleichzeitig erledigen, arbeiten wir insgesamt langsamer und störungsanfälliger. Viel zu oft denken wir, Multitasking und Hektik seien nötig. Doch glaub mir, das ist wirklich nur selten der Fall. Selbst Notarzt und Rettungshelfer, deren Tätigkeit lebensrettend ist, arbeiten in Ruhe und erledigen eines nach dem anderen, setzen Prioritäten und verfallen bei ihren Einsätzen nicht in Hektik.

Und das ist genau richtig so!

Selbstbewusstsein und Selbstachtung nehmen ab

Welches Selbstbild hast du von dir? Willst du ein Mensch sein, der nach allen Richtungen agiert, allzeit für alles bereit? Oder wärst du lieber eine Persönlichkeit, die Prioritäten setzen kann, die in Ruhe eines nach dem anderen erledigt und die die täglichen Aufgaben nach Wichtigkeit sortieren kann?

Wer sich von Ansinnen überschwemmen lässt, die angeblich in ihrer Dringlichkeit nicht zu überbieten sind, und wer dabei die wirklich wichtigen Aufgaben unkonzentriert und abgelenkt erledigt, tut sich selbst keinen Gefallen. Ob er den anderen dabei gerecht wird, steht außerdem infrage.

Ich halte mich beim Priorisieren an ein Prinzip, das schon der ehemalige US-amerikanische Präsident Eisenhower im letzten Jahrtausend praktiziert hat. Anstehende Aufgaben werden dabei in Kategorien eingeteilt.

Dadurch sollen die wichtigsten Aufgaben zuerst erledigt und unwichtige Dinge eliminiert werden. Alle Aufgaben werden anhand der Kriterien wichtig/nicht wichtig und dringend/nicht dringend in vier Quadranten verteilt. Die Aufgaben im Quadrant nicht wichtig + nicht dringend hat Eisenhower nicht oder nicht selbst erledigt. Man muss aber kein Präsident sein, um dieses simple Prinzip im Alltag anzuwenden.

Probier's doch gleich mal aus!

Wichtig!
Nicht Wichtig!
Dringend
Nicht Dringend

Wenn wir selbst in einer Phase des stabilen Selbstbewusstseins sind, schaffen wir es leichter, Nein zu sagen, Grenzen zu setzen, nicht sofort zu agieren. Wer selbstbewusster werden will, tut meiner Erfahrung nach gut daran, diese Verhaltensweisen so oft wie möglich zu üben. Dann werden sie automatisch stärker. Vergleichbar mit unserem Muskelapparat wachsen auch die „psychischen Muskeln“, wenn wir sie trainieren.

Ich bin mir sicher, dass du durch ein bewusstes und achtsames Setzen von Prioritäten im Lauf der Zeit ein größeres Selbstbewusstsein und eine höhere innere Selbstachtung entwickeln wirst!

Wenn wir uns dagegen in einer Lebensphase befinden, in der wir uns verunsichert fühlen, reagieren wir schnell auf Anliegen und auf Druck von außen. Wir haben weniger inneres Standing und geben vielerlei Anforderungen unsortiert nach.

Oft merken wir gar nicht, wie wir mit uns selbst umgehen. An anderen Zeitgenossen in unserem Umfeld

mein TIPP:

Training ist alles! Wir können einfach nicht jedem sofort gerecht werden. Aber du wirst merken, dass es mit der Zeit immer leichter wird, Wichtiges von Unwichtigem zu trennen. Je besser du dich organisierst, desto effektiver wirst du im Prioritätensetzen!

nehmen wir es jedoch schnell wahr und wundern uns: Da ist die Sekretärin, die es nicht schafft, innerhalb einer Kurzbesprechung das Telefon auch mal läuten zu lassen, obwohl es so vereinbart war. Da ist die Bäckereiverkäuferin, die sich, anstatt die angefangene Kundenbedienung in Ruhe fortzusetzen und abzuschließen, in eine komplizierte Klärung ihrer Kollegin einbeziehen lässt. Diese Situationen hast du sicher auch schon erlebt, oder?

Alors!

Ablenkung ist allgegenwärtig, doch selbstbewusste Menschen treffen die Entscheidung über die Prioritäten selbstständig und lassen sich nicht überrollen oder manipulieren.

Unsere Selbstachtung wächst, wenn wir uns erlauben, „eigensinnig" – das bedeutet, mit unseren eigenen Sinnen – zu spüren, was wichtig ist, und wenn wir es dann auch umsetzen. Das ist zwar nicht immer möglich, aber doch viel öfter, als wir denken. Selbst wenn wir einen Vorgesetzten haben, der uns mit Anforderungen überschüttet, können wir anfangen, immer wieder eine Atmosphäre des „unaufgeregten Nacheinanders" zu entwickeln. **Wichtig ist, dass wir uns den manipulativen Mechanismus des „Alles-auf-Einmal" klarmachen.**

Achtsamkeit hat ihren Preis!

Versteh mich bitte nicht falsch, es geht hier nicht um Schuldzuweisung. Wir alle sind schnell in der Überforderungsspirale. Die Chefin, die mehrere Aufgaben quasi gleichzeitig erledigt haben will, agiert meist überhaupt nicht aus böser Absicht so, sondern einfach aus Pragmatismus. Wer dann ruhig bleiben und eins nach dem andern erledigen kann, vielleicht sogar mit einer kleinen Pause dazwischen, kann sich freuen, nicht auf den Multitasking-Stil eingestiegen zu sein.

Wir zahlen natürlich einen Preis dafür, wenn wir achtsamer mit uns und mit anderen umgehen. So ist das im Leben. Wir müssen verzichten auf das Selbstbild:

„Ich bin immer für alle da. Ich bin flexibel und übertüchtig. Ich bin unkompliziert und eine patente Person, der nichts zu viel wird."

Das ist gar nicht so leicht, wir verlieren ja damit etwas, das uns bisher Sicherheit geschenkt hat. **Was wir dafür aber gewinnen, ist mehr Ausgeglichenheit und weniger Erschöpfung.** Wir schonen unsere Ressourcen. Wenn wir den Hirnforschern glauben wollen, dann werden wir unsere Aufgaben nachhaltig weitaus besser erledigen als gehetzt im Multitasking-Fieber. Und welcher Vorgesetzte würde das nicht auf Dauer auch merken?

Eltern und Erzieher als Multitasker

Auch im familiären Bereich ist Multitasking ein großes Thema. Als Hausfrau und Mutter stöhne ich immer wieder über die vielen Aufgaben, die schnell mal so nebeneinander erledigt sein wollen. Wer mehrere Kinder hat, weiß ein Lied davon zu singen, wie viele unterschiedliche Fragen und Themen in der Luft schwirren, wie viele Komponenten unter einen Hut zu bringen sind. Mütter und Väter leisten mit der Erziehung ihrer Kinder enorm viel. Sie leisten Grundlegendes für ihre Kinder, für ihre Familie und für unsere Gesellschaft. Diese Basisarbeit kostet, bei all dem unbeschreiblich Schönen, das sie bietet, täglich unsagbar viel Kraft.

Da stellt sich die Frage: Geht es im häuslichen Alltag mit Kindern überhaupt ohne Multitasking?

Welches Vorbild willst du sein?

Im Bereich der Kindererziehung ist Multitasking zwar vordergründig oft das einzige Mittel, um in der Situation zu überleben und um den Alltag zu bewältigen. Es lohnt sich jedoch, auch hier einmal genau zu überlegen, ob weniger doch mehr wäre.

Lass uns mal genauer hinschauen: Vielleicht wäre ein bisschen weniger ständige Präsenz für die Kinder möglich – je nach Alter der Kinder natürlich. Auch wenn kleine Buben und Mädchen spüren sollen, dass sie wichtig sind und dass ihre Eltern immer für sie da sind, können sie im Lauf der Zeit lernen, auch Grenzen zu respektieren. Nicht jede Frage der Kleinen muss sofort in aller Ausführlichkeit behandelt und beantwortet werden. Je nach Alter der Kinder ist es durchaus möglich, die Diskussion auf einen späteren Zeitpunkt zu verschieben. Kinder fühlen sich wichtig genommen, wenn ihre Themen noch einmal zur Sprache kommen, am besten in Ruhe und nicht von Vater oder Mutter als Störung verbucht.

Wenn du es immer wieder schaffst, auch Grenzen zu setzen, dir eigene, vielleicht sogar nur kurze Ruhezeiten zu verschaffen, bist du danach wieder viel präsenter und wirst deinen Kindern mehr gerecht.

Multitasking im familiären Bereich schrittweise abzubauen bedeutet, sich nach und nach weniger zu überfordern und sich selbst Freiräume und Ruhepausen zuzugestehen. Kinder lernen dabei, dass das Respektieren von Grenzen zu einer guten Kultur des Miteinanders gehört.

Partnerschaft, Freundschaften und Multitasking

Ein großes Geschenk innerhalb einer Partnerschaft oder einer Freundschaft ist es, dass einer dem anderen Zeit schenkt, sich auf ihn einstellt, ihm zuhört und ihn wahrnimmt. Der Erfolg therapeutischer Gespräche beruht auch auf der Haltung, die er dem Patienten entgegenbringt. Ungeteilte Aufmerksamkeit zu erleben, gehört zu werden ohne Wenn und Aber und ohne Ablenkung, das tut immens gut. Jeder Mensch braucht diese Zuwendung. Wer sich ernst genommen und wertgeschätzt fühlt, wer sich so erlebt, als sei er im Zentrum des Interesses seines Gegenübers, hat eine ganz andere Basis als derjenige, der nur noch so nebenbei anwesend ist.

Reden ist Silber, Zuhören Gold!

Wie gehen wir mit den wichtigen Menschen in unserem Umfeld um? Schenken wir ihnen immer wieder vielleicht kurz, aber doch herzlich unsere ungeteilte Aufmerksamkeit, oder lassen wir uns schnell von allem Möglichen ablenken? Multitasking ist in diesem Zusammenhang keine Qualität, sondern eine gravierende Störung. Auch wenn verschiedene Anliegen mit ihrer Dringlichkeit locken: Wichtig ist oft etwas ganz anderes, nicht das Telefon, auch nicht der volle Wäschekorb, sondern für ein paar Minuten lang der andere Mensch.

Folgende Szenen kennst du vielleicht:

Da ist der Partner, der mit seiner Liebsten beim Kaffee sitzt. Eigentlich würde sie ihm gerne erzählen, was heute bei ihr im Betrieb los war. Doch er hört nur kurz zu und erzählt dann selbst. Zwei unbedeutende Monologe entwickeln sich nebeneinander. Noch schlimmer, er konzentriert sich nicht auf ihre Worte, sondern checkt nebenher unentwegt seine Mails und nimmt anschließend noch zwei Anrufe entgegen. Die offene Gesprächsatmosphäre ist schneller weg, als beide ihren Kaffee umrühren können.

Un autre exemple: Wir kennen alle die Gastgeberin, die sich ständig für ihren nicht perfekten Kuchen entschuldigt und damit jedes intensivere Gespräch ihrer Freundin abwürgt. Wie schade!

Alors!

Die kleinen Unaufmerksamkeiten im Alltag häufen sich und geben im Ergebnis keine gute Bilanz. Begegnen wir unseren Liebsten mit der Wertschätzung, die sie verdienen!

Multitasking und Burn-out

Wer zu viel gleichzeitig tun will, überfordert sich. Da im gesellschaftlichen Konsens jedoch Multitasking noch relativ angesehen ist, fällt es immer wieder schwer, den Grund der Überforderung zu orten.

Attention, wir halten es für normal, dass wir funktionieren und alles Mögliche gleichzeitig erledigen sollen. An bestimmten Schnittstellen in Betrieben mag das der Fall sein, beispielsweise beim Empfang in der Arztpraxis oder im Sekretariat, wo alle Fäden zusammenlaufen. Aber mit Achtsamkeit und durchdachter Organisation wäre es in vielen Bereichen möglich, Aufgaben mit ein bisschen mehr Ruhe nacheinander zu erledigen. Wer sich immer öfter seiner Arbeitsweise bewusst wird, hat die Chance, sie zu optimieren im Sinne einer heilsamen Entschleunigung. **Aus dem Multitasking so oft wie möglich auszusteigen, ist eine wichtige Burn-out-Prophylaxe.**

Warum schnappt die Multitasking-Falle immer wieder zu?

Hast du selbst auch schon einmal Überforderung durch Multitasking bemerkt? Viele von uns versuchen, gegenzusteuern. Doch nicht immer gelingt das so, wie wir es uns wünschen. Ich habe die Faktoren ausfindig gemacht, die daran schuld sind.

Das soziale Umfeld

In unserem sozialen Umfeld gilt die Fähigkeit zum Multitasking überwiegend immer noch als hohes Gut. Wer in einem Zen-Kloster leben würde, hätte es in dieser Beziehung leichter. Aber die Flucht auf eine Insel ist keine Lösung. Wir sind nun mal umgeben von Menschen, die Anforderungen an uns stellen. Die einzige sinnvolle Maßnahme: Wir müssen uns unseres Wertes und unserer Grenzen bewusst werden und dazu stehen. Das ist nicht leicht, aber ungemein wichtig!

Wir wollen es gerne allen recht machen

Jedes Mal, wenn wir Anforderungen von außen nachgeben, die uns von unserer Konzentration abbringen, werten wir uns selbst ab. Es ist wichtig, dass wir das Augenmerk immer wieder auf unser eigenes Standing richten. Wir können jederzeit frei entscheiden, ob wir uns durch Ansinnen von außen von unserem inneren Ziel ablenken lassen.

Stand by me!

Alors!

Widersteh der Versuchung: Es ist gut für unsere eigene Selbstachtung, wenn wir nicht bei jeder Aufforderung automatisch und gedankenlos abweichen, sondern nur dann, wenn wir es wirklich wollen.

Bien sûr, manchmal wären wir gern Everybody's Darling, denn bei allen beliebt und angesehen zu sein, gibt zunächst ein tolles Gefühl. Doch wenn wir es für unser inneres Selbstbild brauchen, dass wir jederzeit zur Verfügung stehen, dass wir auf alle Anliegen reagieren, und das sofort, dann geraten wir unweigerlich in die Multitasking-Falle. **Du kennst sicher den Spruch: „Man kann es nicht allen recht machen!" – Wie wahr!**

Selbst wenn wir uns noch so sehr bemühen, immer werden wir einem Teil der Menschen um uns herum nicht gerecht werden – vor allem natürlich gegenüber uns selbst. Das Gefühl, das bleibt, ist für viele von uns trotzdem ein Trost: Wir haben uns ja bemüht, wir sind ausgepowert, an unsere Grenzen gegangen, haben also wirklich alles gegeben. Von dieser Belohnung leben viele, aber ist sie wirklich das erstrebenswerte Ziel – oder könnte es da noch einen anderen, lebensförderlicheren Weg geben?

Du kannst es nicht allen recht machen!

Nicht immer ernten wir uneingeschränkte Bewunderung, wenn wir uns verausgaben. Die Menschen um uns herum spüren sehr oft, dass etwas nicht so ganz stimmt mit unserem Engagement. Wenn wir nicht zur Ruhe kommen und die Rolle der Alleskönnerin spielen, dringt unsere Überforderung, unser nicht gelebtes Bedürfnis nach Entspannung und nach Genießen, trotzdem nach außen und trübt unsere Ausstrahlung. So erhalten wir erst recht nicht, was wir uns insgeheim erhoffen – Anerkennung.

Sucht nach Ablenkung

Eine besondere Färbung erhält unsere Multitasking-Falle, wenn wir uns ablenken wollen. Vielleicht sind wir in einer besonderen Lebensphase darauf aus, uns mit Arbeit zu überschütten, um nicht zum Nachdenken zu kommen. **Stichwort: Liebeskummer.**

Nach einer sehr schmerzhaften Trennung habe ich mich einmal in ein vollkommen überdimensioniertes neues Projekt gestürzt, um ja keinen Gedanken für meine eigene Situation übrig zu haben. Das war kräftezehrend und für eine Übergangszeit kann Ablenkung auch ein hilfreicher Mechanismus der Psyche sein, um überhaupt eine belastende Situation auszuhalten.

Wenn aber das Multitasking zum Lebensstil wird, wenn es über Monate und Jahre hinaus weitergeht, ist Gefahr im Verzug. Es kann zur Sucht werden, sich mit Aufgaben zu überhäufen oder sich überschütten zu lassen. Dadurch ist es unmöglich, sich seinen wahren Themen oder seinen wirklichen Aufgaben zu stellen.

Der Lebensstil des „Zuviel" kann Jahre und Jahrzehnte andauern, er kann sich zu einem unhinterfragten Modus entwickeln.

Oft reagiert das persönliche Umfeld zunächst mit Bewunderung und Lob, wenn ein Mensch so überaus omnipotent und energiegeladen wirkt, das habe ich selbst erlebt. Dieser Lohn ist jedoch bitter erkauft, denn die Überforderung und die Verdrängung zeigen sich im Allgemeinen auf Dauer in körperlichen Schmerzen oder in Symptomen, die wir als Erschöpfungsdepression, Burn-out oder auch vegetative Dystonie kennen.

Alors!

Ein plötzlicher Energie-Booster ist toll! Doch vergiss nicht zu hinterfragen, ob ein Verdrängungsmechanismus dahintersteckt. Kannst du dieses Tempo auf Dauer halten? Und willst du das? Hör auf die Signale deines Körpers!

Außensteuerung kontra Innensteuerung

Dass wir uns dem Multitasking oft nicht entziehen können, hat noch einen weiteren Grund: Wir sind schon sehr daran gewöhnt, uns von außen steuern zu lassen. Werbung und Medien tragen ihren Teil dazu bei, dass wir von Reizen und Konsumangeboten überflutet werden. Dass wir darauf anspringen, liegt selbstverständlich an uns selbst, wir werden dazu ja nicht gezwungen. Doch wir werden unentwegt manipuliert: Faszinierende Werbeflyer und -clips, unschlagbare Sonderangebote. Die unzähligen Möglichkeiten der Freizeitgestaltung und des Konsums lassen uns nicht kalt, sie heizen Bedürfnisse an.

Es ist wirklich schwer, dieser großen Reizüberflutung zu widerstehen. Ich habe gelernt, dass es mir nur gelingt, wenn ich in der Lage bin, ein eigenes stabiles Standing dagegenzusetzen. Manche Menschen sind mit diesem Standing gesegnet, vielleicht deshalb, weil sie in einer Umgebung aufwachsen konnten, in der konsequent Prioritätensetzung geübt wurde.

Den meisten von uns ist es jedoch auferlegt, sich die bewusste Aufmerksamkeitshaltung und die Reizabschirmung zu erarbeiten. Dazu gehört auch, immer wieder werbetechnische Manipulationen zu durchschauen.

Jetzt einmalig
nur für dich

☐ Informationen über einen Newsletter

☐ ein kostenloses 3-Monats-Abo

☐ ein Gratis-Überraschungsgeschenk ...

♡ Ruhe und Zeit für dich!

Lebst du im Hier und Jetzt?

Lass uns eine Standortanalyse wagen: Wie achtsam bist du aktuell? Lies die folgenden Aussagen und entscheide, ob du ihnen eher zustimmst oder sie für dich verneinst.

1. **Ich bin zufrieden mit meinem Körper, auch wenn er keinen Modelmaßen entspricht.**

2. **Ich kenne meine Stärken und setze sie bewusst ein.**

3. **Ich kenne meine Schwächen und akzeptiere sie als Teil von mir. An Eigenschaften, die mich sehr stören oder behindern, arbeite ich konsequent.**

4. **Ich gönne mir regelmäßig Pausen und Ruhephasen.**

5. **In Gesprächen schenke ich meinem Gegenüber stets meine volle Aufmerksamkeit.**

6. Ich höre auf die Signale meines Körpers. Wenn ich krank bin, gönne ich ihm Ruhe und Erholung.

7. Ich ernähre mich gesund und ausgewogen.

Du wirst es dir sicher denken können: Je mehr Aussagen du zustimmst, desto höher ist die Wahrscheinlichkeit, dass du Achtsamkeit bereits in dein Leben integriert hast. Dann erhältst du nun, im zweiten Teil dieses Ratgebers, spannende zusätzliche Impulse.

Solltest du einigen Aussagen nicht oder nur eingeschränkt zustimmen, wird es Zeit, sich jetzt mit dem Thema Achtsamkeit auseinanderzusetzen. Glaub mir, der Traum von einem bewussten Leben lässt sich mit ein paar Tricks auch im turbulenten Alltag umsetzen. Zur Einstimmung möchte ich dir mein kleines Achtsamkeits-Manifest präsentieren!

Die Entdeckung von Achtsamkeit und Bewusstheit

Was ist die Lösung? Gibt es Möglichkeiten, bewusst und nicht fremdgesteuert durch sein kostbares Leben zu gehen? Ich habe festgestellt: Die Idee eines achtsamen und aufmerksamen Lebensstils weist in eine hoffnungsvolle Richtung!

Was bedeutet

Mein kleines Achtsamkeits-Manifest

Wer achtsam lebt, kann das Hier und Jetzt genießen. Nicht Vergangenheit und Zukunft dominieren, sondern der Augenblick. Dadurch erweist sich die Gegenwart als tief und kostbar. Wer nicht im Augenblick schon an später denkt, wer sich nicht ablenken lässt von allgegenwärtigen Reizen, erreicht hohe Lebensintensität und Lebensqualität.

Wer in Gelassenheit eins ums andere erledigen, erleben, genießen und auch erleiden kann, der tut sich und anderen Gutes. Wer sich spürt, wer nicht überwiegend von außen, sondern mehr von seinem Innern gesteuert ist, wird seine (kurzen und langen) Pausen dann machen, wenn er sie braucht. Erst danach haben weitere Anliegen Platz. Wer sich immer weniger

Achtsamkeit?

von außen steuern lässt und lernt, aufmerksam und achtsam sich selbst gegenüber zu sein, wird im Lauf der Zeit auch seinen Mitmenschen aufmerksam und achtsam begegnen können.

mein TIPP:

Denk dran: In anderer Reihenfolge funktioniert Zuwendung leider nicht, auch wenn wir es immer wieder versuchen. Wir können anderen ihre ureigenen Bedürfnisse erst dann wirklich zugestehen, wenn wir unsere eigenen spüren und sie uns selbst zugestehen können.

Mein kleines Manifest liest sich sehr idealtypisch, das kann ich mir gut vorstellen. Die meisten von uns werden sich diesem Lebensstil zunächst nur annähern, ihn aber nicht vollständig erreichen. Alors, Perfektion ist auch gar nicht das Ziel! Doch wer sich auf den Weg macht, spürt positive Veränderungen, zuerst bei sich selbst, im Lauf der Zeit auch daran, wie die Mitmenschen reagieren.

Lass uns deinen Schatz bergen! Ich lade dich ein, dich gemeinsam mit mir auf den Weg in ein neues achtsames Leben zu machen!

Selbstwirksamkeit nimmt zu

So wie das Multitasking unser Selbstbild auf Dauer schwächt, so stärkt eine achtsame Haltung unsere Vorstellung von uns und trägt zu unserem Selbstvertrauen bei. Je öfter wir uns als Herrin im eigenen Haus fühlen, desto mehr bestätigen wir uns unseren Selbstwert. Und je stärker unser Selbstwertgefühl wird, umso leichter wird es uns fallen, unser Standing zu behalten, unsere innere Stimme zu hören.

Wenn wir aus dem Multitasking-Lebensstil aussteigen und uns auf den Weg zu mehr Achtsamkeit und erhöhter Aufmerksamkeit machen, gehen wir in eine Richtung, die uns wachsen lässt. Zunächst spüren wir es selbst, später auch die anderen: Wir werden ernst genommen, wir werden immer weniger für allerlei Aktionen missbraucht und wir gewinnen Zeit für das Wesentliche.

Paarbeziehung und Achtsamkeit

Aufmerksamkeit und Achtsamkeit sind für die Paarbeziehung ein lebenswichtiges Elixier. Wer sich seiner selbst bewusst ist, kann klare Botschaften senden. Wer sich seine Bedürfnisse zugestehen kann, ist viel leichter in der Lage, dem Gegenüber Bedürfnisse zuzugestehen.

Nicht alle Wünsche und Sehnsüchte können und sollen gelebt werden. Doch genieß die Freiheit, sie zu spüren, ohne sie gleich zu bewerten. Danach kannst du selbstbestimmt entscheiden, was mit den Wünschen geschehen soll, ob du sie bewusst weiterverfolgst oder zu den Akten legst. Damit werden vielerlei Verdrängungsmechanismen überflüssig.

Wer achtsam mit anderen umgeht, nimmt differenziert wahr, aber stülpt anderen nichts über, er respektiert Grenzen und achtet die Einzigartigkeit des Gegenübers.

Alors!

Aufmerksamkeit und Respekt gegenüber den Bedürfnissen unseres Gegenübers – genau diese Qualitäten sind Schätze für jede Paarbeziehung!

Die Aufmerksamkeit, die wir unserem Lebenspartner oder unseren Freunden widmen, ist ein großes Geschenk. Wir erteilen es freiwillig. Wir können es auch legitim verweigern, dann aber am besten mit einer kurzen Erklärung, im Sinne von Transparenz und Vertrauen. Wir können es auch zeitlich begrenzen. Es ist vollkommen realistisch, dass wir das manchmal tun müssen, und das ist meist auch gar nicht schlimm. Es kommt darauf an, dass wir ein Gespür für das Wesentliche entwickeln.

Ich verrate dir mein persönliches Geheimnis …

… guter Beziehungen: Bemüh dich immer wieder in kurzen oder längeren Sequenzen, die Qualität der gegenseitigen Aufmerksamkeit sehr hoch zu halten. Das muss nicht unbedingt tage- oder abendelang andauern, wichtig ist die Qualität der gemeinsamen Zeit.

Diese Möglichkeit steht übrigens auch allen Vorgesetzten offen, die einen guten Führungsstil anstreben. Wer mit einem hohen Aufmerksamkeitsstandard auch nur kurze Gespräche führt oder Begegnungen durchführt, erreicht auch in nur wenigen Minuten, dass das Gegenüber sich wertgeschätzt und ernst genommen fühlt.

Quality time!

Achtsamkeit in der Erziehung

Was für eine Partnerschaft gilt, ist genauso für das Thema Kindererziehung wichtig. Kinder spüren es, wenn wir sie ernst nehmen, wenn wir ihnen zuhören, wenn wir Zeit für sie haben. Eine Zeitspanne am Tag, in der wir unserem Kind unsere volle Aufmerksamkeit, Achtsamkeit und Zuwendung schenken, ist wichtiger als viele zerstreute Antworten den ganzen Tag über.

Wenn Kinder spüren, dass wir nicht immer verfügbar sind, dass wir uns aber richtig und uneingeschränkt Zeit für sie nehmen, stärkt das ihre Befindlichkeit und ihren Selbstwert. Eltern und Erzieher, die achtsam mit Kindern umgehen, versuchen nicht, sie zu manipulieren oder ihnen ihre eigenen Bedürfnisse aufzuzwingen. Grenzen zu achten gehört zu einem bewussten und fairen Umgang mit Menschen.

Ob Kinder oder Erwachsene, ob Alte oder Junge, alle Menschen schätzen es, wenn sie respektiert werden. Gegenseitiger Respekt stärkt.

Achtsamkeit in der Erziehung bedeutet, dass wir als Erzieher unseren Blick schärfen und wichtige Fakten nicht ausblenden. Wer es gewohnt ist, sich seiner selbst immer wieder bewusst zu werden, kann leichter bei seinen Kindern erkennen, dass sie etwas bekümmert oder dass sie vielleicht etwas Wichtiges brauchen. Er kann gezielt nachfragen, nicht überfürsorglich oder bevormundend, sondern aufmerksam, ernsthaft interessiert und zugewandt.

Achtsamkeit am Arbeitsplatz

Achtsamkeit im Beruf kann ähnliche Konsequenzen haben wie im Privatleben.

Wir stülpen unseren Kollegen oder unseren Kunden nichts mehr über. Wir nehmen uns die Freiheit und die Zeit, aufmerksam zuzuhören, nicht irgendwie irgendetwas zu machen, sondern Prioritäten zu setzen. Wir nehmen uns die Zeit, Aufgaben der Reihe nach zu erledigen, und wir erwarten den Multitasking-Stil nur in brisanten Ausnahmesituationen von anderen. Vertrau mir, mit diesem Arbeitsstil wirst du auf Dauer enorm erfolgreich sein – er ist weit nachhaltiger als jegliches Nebeneinanderschaffen.

Achtsamkeit im Beruf bedeutet auch, dass wir unsere Grenzen spüren, sie achten und sie immer wieder selbstbewusst transparent machen. Wenn wir dieses Gebot beherzigen, sorgen wir dauerhaft gut für uns.

mein TIPP:

Für die Burn-out-Prophylaxe sind regelmäßige Pausen eine der wichtigsten Säulen.

Anekdote zur Achtsamkeit

Bei meinen Recherchen zum Thema Achtsamkeit bin ich auf das uralte Gleichnis eines asiatischen Zen-Mönchs gestoßen. Es verdeutlicht in wenigen Worten recht schön, worum es bei der Achtsamkeit geht:

Ein Mann wurde einmal gefragt, warum er trotz seiner vielen Beschäftigungen und Aufgaben immer so glücklich sein könne. Er sagte:

„Wenn ich stehe, dann stehe ich,
wenn ich gehe, dann gehe ich,
wenn ich sitze, dann sitze ich,
wenn ich esse, dann esse ich,
wenn ich liebe, dann liebe ich …“

Dann fielen ihm die Fragesteller ins Wort und sagten: „Das tun wir auch, aber was machst du darüber hinaus?“

Der Mann sagte wiederum:
„Wenn ich stehe, dann stehe ich,
wenn ich gehe, dann gehe ich,
wenn ich … „

Die Leute erwiderten: „Aber das tun wir doch auch!"
Er aber sagte zu ihnen:
„Nein – wenn ihr sitzt, dann steht ihr schon,
wenn ihr steht, dann lauft ihr schon,
wenn ihr lauft, dann seid ihr schon am Ziel."

Ruf dir diese kleine Geschichte in Erinnerung, wenn du mal wieder in Alltagsstress, Hektik und Multitasking verfällst. Dann wirst du spüren, dass du eigentlich einen anderen Weg einschlagen wolltest ...

Wie kultivieren wir Achtsamkeit und Bewusstheit?

Selbstwahrnehmung schärfen

Der erste Schritt ist es, sich selbst immer mehr kennenzulernen und dabei die eigene innere Landkarte zu entdecken. Es gibt dafür verschiedene Wege. Eine erste Voraussetzung und eine wichtige Komponente dafür ist es, dass wir uns freie Zeit für uns selbst nehmen können, einfach mal ein paar Stunden Freizeit, ohne Verpflichtungen, ohne Druck, ohne Aufgaben.

Manchen von uns macht dieser Gedanke Angst. Wenn wir es seit Jahren nicht mehr gewöhnt waren, allein mit uns zu sein, keine Aufgaben zu haben, entsteht vielleicht ein beängstigendes Vakuum. Wer sich dann an beglückende Erlebnisse in seiner Kindheit erinnert, findet vielleicht in diesen Erinnerungen Ideen dafür, was in dieser freien Zeit schön sein könnte. Ziellos durch Feld, Wald und Wiese streifen, Fantasiegemälde anfertigen, singen, mit Ton modellieren oder einfach nur im Gras liegen.

All diese Genüsse warten auf den, der sie sich erlaubt. Beim Genießen und beim Nichtstun kommen oft sehr neuartige Gedanken, es entsteht ein Gefühl der Bewusstheit über sich selbst als einzigartiges Wesen.

Es geht nicht um das Erreichen oder Schaffen, es geht nur um das Genießen, Erleben und sich treiben Lassen.

Auch im Austausch mit anderen, in Yoga-Gruppen oder im Meditationskontext können wir Achtsamkeit trainieren. Doch die Begegnung mit sich selbst, der Blick in den Spiegel, vielleicht um die eigenen Augen bewusst wahrzunehmen, die ganz einzigartige Färbung der Pupillen, das sind die Momente, in denen wir uns selbst ganz nahe sind und die unsere Achtsamkeit wachsen lassen.

Einsicht gewinnen, Verhalten ändern

Wer sein Verhalten ändert, bewirkt damit oft sehr viel. Nach einem Aha-Effekt, bei dem uns wichtige Erkenntnisse zugefallen sind, ändern wir manchmal schnell und leicht unser Verhalten. **Doch fast immer folgt darauf auch ein Prozess, in dem wir uns langsam in die gewünschte Richtung bewegen und das neue Verhalten festigen. Voilà, das ist nachhaltig!**

Das Ziel visualisieren

Multitasking oder Achtsamkeit? Attention, hier kommt ein toller Trick: Ich wähle passende Ankersätze oder Bilder aus, um mir das Ziel immer wieder in Erinnerung zu rufen. Welches Wort oder Bild würde dir unter die Haut gehen und dich immer wieder daran erinnern, in welche Richtung du dich bewegen willst?

Mein Ankersatz oder -bild:

Ist es das schöne Bild von der Herrin im eigenen Haus, das dich animiert, dir ein Standing zu erarbeiten und eins ums andere nach deiner Prioritätensetzung zu erledigen? Könnte es der Hamster im Laufrad sein, der dich mit deinen unentwegten Bemühungen ohne Ende konfrontiert? Hilft dir das Bild eines Löwen, der sich immer wieder geruhsam in der Sonne räkelt?

Du kannst dein Zielbild aus diesem Büchlein immer wieder hervorholen. Oder du malst es dir auf ein großes Plakat, das du gut sichtbar aufhängst. Wichtig ist, dass das Kunstwerk deine ganz eigenen Schlüsselbegriffe enthält, denn du bist eine einzigartige Persönlichkeit und lässt dich am allerbesten von deinen eigenen Zielen motivieren.

Achtsamkeitsübungen – ins Hier und Jetzt kommen

Vielleicht kennst du den Zustand, in dem du aus deinem Gedankenkarussell nicht aussteigen kannst? Du grämst dich wegen Vergangenem, machst dir Sorgen um die Zukunft? Oft sind es ganz konkrete Befürchtungen, die wir nicht wegschieben können. Manchmal geraten wir auch in eine Angstspirale wegen aller denkbaren Katastrophen, die eintreffen könnten. Ich zeige dir jetzt eine Übung, die dich in die Gegenwart zurückholt, sodass du dich entspannen kannst.

Schritt 1: Lass auf dich einwirken, was du momentan siehst. Benenn und beschreib drei Gegenstände in Ruhe der Reihe nach. Vielleicht siehst du die Wolken am Himmel, deinen Einkaufskorb oder deine Joggingschuhe – beschreib diese Dinge für dich selbst.

Schritt 2: Lass alles auf dich einwirken, was du momentan hörst. Beschreib drei Geräusche. Vielleicht hörst du das Rauschen des Windes, das Summen deines Computers, das Vogelgezwitscher, die Stille – was auch immer es im Moment mit deinen Ohren wahrzunehmen gibt. Benenn und formulier es für dich.

Schritt 3: Was spürst du gerade? Den stabilen Sitz deines Stuhls? Die Kühle der Luft oder den weichen Fußboden? Lass dir Zeit zum Nachspüren. Benenn und beschreib deine Eindrücke für dich selbst.

Wie geht es dir nach dieser Übung? Ich fühle mich danach immer sehr entspannt und im Jetzt angekommen.

mein TIPP:

Hör in dich hinein und probier es aus: Vielleicht bist du jetzt bereit zu lösungsorientiertem Handeln, vielleicht aber auch in der Stimmung, lockerzulassen und dir einfach etwas Gutes zu tun.

Achtsamkeit heißt, von Augenblick zu Augenblick leben!

Meine Lieblings-Achtsamkeitsübung

Vraiment, so simpel und so gut: Bleib an deinem freien Abend zu Hause, am besten allein, leg dein aktuelles Lieblingslied auf und lass die eigenen Körperbewegungen frei der Musik folgen.

Dabei kannst du dich komplett fallen und gehen lassen. Ich ziehe die Vorhänge zu, dann fällt es mir leichter, mich unbeobachtet zu fühlen und ganz fallen zu lassen. Hör die Musik möglichst über Lautsprecher und nicht über Kopfhörer, das macht dich freier. Bien sûr, gerne laut! Welche Art von Musik du wählst, liegt ganz bei dir und deiner Stimmung. Klassik treibt dich womöglich tief an, Dance führt zu rhythmischen Bewegungen und Liebeslieder bringen dich vielleicht zum Beben. Egal was und egal wie, probier es aus und fühl dich frei!

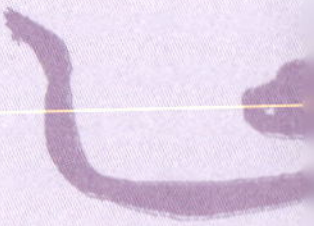

Genießen bringt Tiefe, Lachen ist gesund

Lachen ist, das wissen wir, pure Medizin für Geist, Seele und Körper. Woher kommt diese heilsame Wirkung?

Der Grund liegt darin, dass wir beim Lachen ganz wir selbst sind. Wenn wir herzlich lachen, dann tun wir in dem Moment wirklich nichts anderes. Wir sind ganz bei uns. Wir genießen und lassen andere Gedanken und Gefühle unweigerlich los. Dieses absolute Loslassen dauert manchmal nur Sekunden, sehr oft aber, das kennst du sicher auch, könnten wir uns mehrere Minuten lang ausschütten vor Lachen. Wir lassen los. Für eine kurze Zeit vergessen wir unsere Ängste, unsere Befürchtungen, unsere Ärgernisse und oft auch unsere Schmerzen. Damit haben wir eine wunderbare Möglichkeit, uns immer wieder tief zu entspannen.

Was für das Lachen gilt, hat auch Bedeutung für andere Genüsse. **Genießen hat eine völlig andere Qualität als Konsumieren. Konsum zielt auf Quantität, Genuss zielt auf Qualität.** Wer genießen kann, erlebt Tiefe. Ob es um gutes Essen geht, um Sexualität oder um Musik, um Kunst oder um Naturerlebnisse, wer sich in den Genuss fallen lassen kann, befreit sich von Ansprüchen und von der Außensteuerung.

Der wahre Genuss schließt allerdings Multitasking in den allermeisten Fällen aus. Wer wie ein Jongleur Bälle dirigiert, wer als Hamster im Rad tritt oder wer nach allen Seiten funktioniert, kann nicht auf eine tiefere Erlebnisebene kommen, denn er wird ja ständig abgelenkt. Das bedeutet, dass wir nur dann in wirklich tiefen Genuss kommen, wenn wir nicht gleichzeitig im Multitasking-Modus funktionieren wollen.

Voilà, ein achtsamer Lebensstil verhilft zu genussvollen Momenten im Alltag!

A la fin!

Multitasking macht müde und kostet Energie. Mit Achtsamkeit und Aufmerksamkeit dagegen beschenken wir uns selbst und unsere Mitmenschen. Auf dem Weg in ein achtsames Leben lernen wir, unseren Körper und Geist fürsorglich zu behandeln und auch unserem Gegenüber respektvoll und zugewandt zu begegnen.

Das besonders Schöne auf diesem Weg: Wir gewinnen bei jedem Schritt wahre Schätze. Wir finden unsere kostbare innere Balance, wir entwickeln authentisches Selbstvertrauen und wir erleben das unbeschreiblich befriedigende Gefühl der Selbstwirksamkeit.

So, nun haben wir es erst mal geschafft. Die erste Übung in Sachen Achtsamkeit ist vollbracht, wenn du dieses kleine Büchlein bis hierhin in Ruhe, konzentriert und achtsam durchgelesen hast. Gratulation! Und falls du doch zwischendurch abgelenkt worden bist, ist das auch kein Problem – **Übung macht die Meisterin! Du wirst es dir danken!**

Ich hoffe, du hast in diesem kleinen, einführenden Ratgeber interessante Anregungen für deine eigene Situation entdeckt. Vielleicht hast du Lust, ein paar meiner Ideen konkret in deinen Alltag mitzunehmen und den Lebensstil der Achtsamkeit in kleinen Schritten auszuprobieren. Vielleicht bist du selbst ja auch schon weiter fortgeschritten auf diesem Weg und hast hier neue Impulse erhalten. Ich freue mich, wenn du deine Erfahrungen und Anregungen mit mir teilst! Schreib mir einfach an madame.missou@gabal-verlag.de.

Und jetzt: Nimm dir die Zeit und genieß dein neues achtsames Leben in vollen Zügen!

Deine
Madame
Missou

Madame Missou –
Von der Freundin für die Freundin. Der Ratgeber zum Verschenken

Ob Achtsamkeit, Gute Laune, Aufräumen oder Selbstbewusstsein: Madame Missou weiß Rat. Sie hat schon vieles ausprobiert und verrät ihren Leserinnen die besten Tipps und Tricks! Die kleinen Ratgeber widmen sich in kompakter Form Themen, die uns im Alltag begleiten, und Herausforderungen, denen frau sich täglich stellt – und präsentieren pragmatische Lösungen. Die liebevollen Illustrationen und Listen zum Selbsteintragen steigern das Lesevergnügen und machen die Bücher zu individuellen Workbooks.

Das perfekte Geschenk für die beste Freundin!

Madame Missou hat gute Laune

Ein Kaffeefleck auf der frischen Bluse, das Auto springt nicht an, du stößt dir den Zeh – un jour catastrophique! Aber: Kein Grund, in schlechte Laune zu verfallen. Ich verrate dir kleine Tricks, die dein schönstes Strahlen wieder hervorzaubern werden. Und dich – ganz nebenbei – dauerhaft zufriedener machen!

ISBN: 978-3-86936-784-2

Madame Missou ist selbstbewusst

Es gibt diese Menschen, die rundum zufrieden wirken, von innen strahlen und alle in ihren Bann ziehen. Glückskinder? Nein, wahrscheinlich sind sie einfach nur selbstbewusst. Und Selbstbewusstsein kann frau lernen. Ich verrate dir die besten Tipps für ein selbstbestimmtes Leben.

ISBN: 978-3-86936-786-6

Madame Missou räumt auf

Das Genie liebt das Chaos? Oder hat das Gerümpel die Herrschaft übernommen? Fest steht: Neue Gedanken brauchen Platz, um sich zu entfalten, und ein schönes Zuhause ist der beste Rückzugsort der Welt! Mit ein paar kleinen Tricks wirst du wieder Herrin im eigenen Reich. Ich zeige dir, wie's geht!

ISBN: 978-3-86936-785-9

Madame Missou **lebt gesund**

Superfood hier, Low Carb da, gluten-, laktose- und fleischfrei soll es sein – wer blickt denn da noch durch? Leistungssport, Feng-Shui oder doch nur ausschlafen? Ich habe eine Mission: Ab sofort will ich gesünder und glücklicher leben. Ich lade dich ein, mitzumachen und von meinen Erfahrungen zu profitieren.

ISBN: 978-3-86936-788-0

Madame Missou **ist schlagfertig**

Manchmal willst du einfach nur im Boden versinken vor Scham, weil deine richtig dämliche Frage als solche enttarnt wurde? Oder du wirst auf eine unverschämte Weise angesprochen und bist sprachlos vor Zorn? Schluss damit! Ich kenne diese Situationen und weiß auch, wie du ganz cool aus der Nummer rauskommst. Ich verrate dir die besten Tricks für mehr Schlagfertigkeit.

ISBN: 978-3-86936-789-7

Besuch mich auf Facebook unter

www.facebook.com/MadameMissou

Bibliografische Information der Deutschen Nationalbibliothek
Die Deutsche Nationalbibliothek verzeichnet diese Publikation in der Deutschen Nationalbibliografie; detaillierte bibliografische Daten sind im Internet über http://dnb.d-nb.de abrufbar.

ISBN 978-3-86936-787-3

Redaktionelle Bearbeitung: Lina Erd
Umschlaggestaltung: Isabel Große Holtforth, Maisach
Satz, Layout und Illustrationen: Isabel Große Holtforth, Maisach
Druck und Bindung: Salzland Druck, Staßfurt

www.gabal-verlag.de **www.madame-missou.de**